JUDITH GAUT[IER]

Les Musiques

BIZARRES

à l'Exposition

de 1900

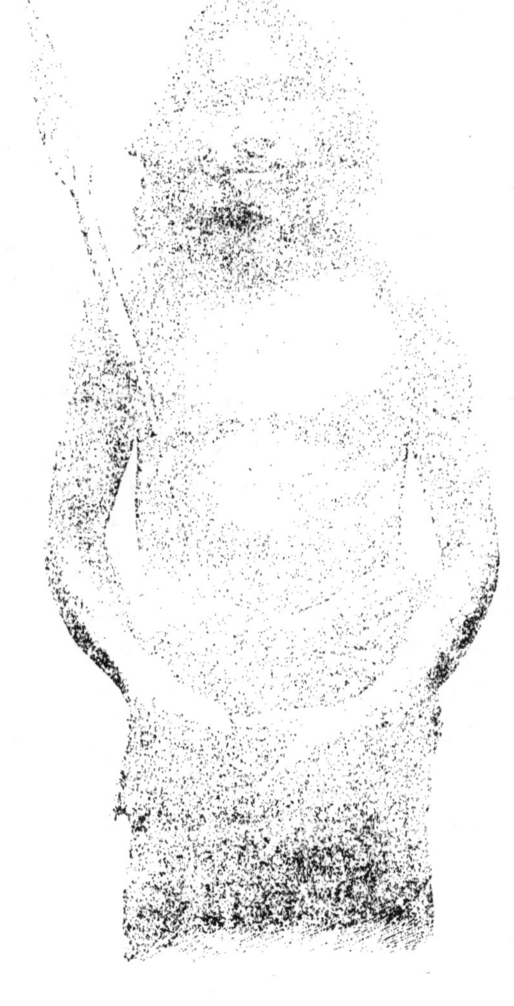

[L]ES CHANTS DE MADAGASCAR

Les Sept Jours de la Semaine

La Très Aimée

L'Absence — Sérénade

TRANSCRITS PAR

BENEDICTUS

PARIS

SOCIÉTÉ D'ÉDITIONS LITTÉRAIRES & ARTISTIQUES

Librairie Ollendorff

50, CHAUSSÉE D'ANTIN, 50

ENOCH & Cⁱᵉ

27, BOULEVARD DES ITALIENS, 27

1900

JUDITH GAUTIER

LES
MUSIQUES BIZARRES

A l'Exposition de 1900

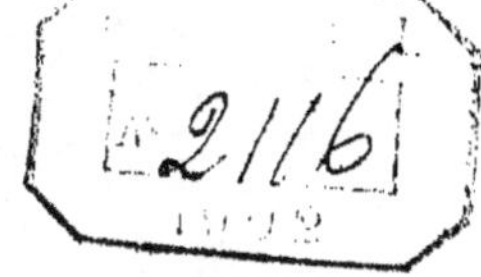

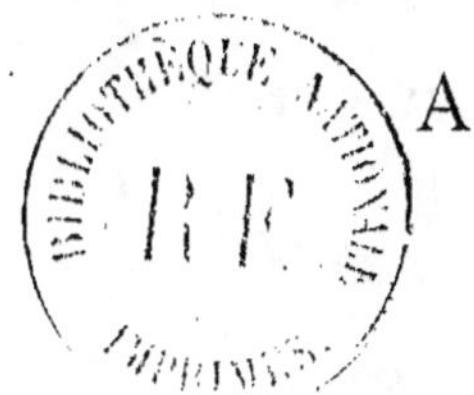

LES CHANTS DE MADAGASCAR

TRANSCRITS PAR

BENEDICTUS

PARIS

<table>
<tr><td>LIBRAIRIE PAUL OLLENDORFF</td><td>ENOCH ET Cie</td></tr>
<tr><td>5o, CHAUSSÉE D'ANTIN, 5o</td><td>27, BOULEVARD DES ITALIENS, 27</td></tr>
</table>

1900

LES MUSIQUES BIZARRES A L'EXPOSITION

DE 1900

ONT PARU :

La Musique Javanaise.

LE GAMELAN. — LA DANSE DU DIABLE

La Musique Égyptienne.

CHANT KHÉDIVIAL. — DANSE DU VENTRE

DANSE DES VERRES

Les Chants de Madagascar.

LES SEPT JOURS DE LA SEMAINE

LA TRÈS AIMÉE

L'ABSENCE. — SÉRÉNADE.

SOUS PRESSE :

La Musique Indo-Chinoise.

CHANT ANNAMITE

DANSE CAMBODGIENNE

Les

Chants de Madagascar

L'harmonie éclatante d'un orchestre militaire attire le public
à l'exposition de la colonie de Madagascar, et la foule se presse,
passionnément curieuse, autour des exécutants, dont l'aspect
singulier cause une extrême surprise.

— Comment, ce sont des noirs qui jouent avec cette perfec-
tion!...

— Oui, des noirs!...

Enveloppés d'épais burnous rayés, un haut fez rouge surmon-
tant leur face brune, où les dents et les yeux ont des luisants
de perle, ils jouent, graves, attentifs au bâton nerveux et sûr de
leur chef, Philippe, la musique la plus correcte, la plus civilisée
du monde. De petits frissons admiratifs courent même parmi les
auditeurs quand Rafaralahy, le premier piston, a un solo. Mais
on n'en revient pas de voir si adroites les mains tatouées, si
agiles les doigts sombres, qui font ressortir, en martelant les
clefs des instruments, la teinte claire des cuivres bien fourbis.

Et en effet, pour avoir franchi si vite l'abîme qui sépare leur
musique de la nôtre, il faut que ce peuple soit particulièrement
doué.

Il est vrai que, déjà avant la conquête, la reine Ranavalo,
chrétienne, et atteinte par la civilisation, avait formé un orchestre

à l'européenne, une musique royale ; et beaucoup de ses musiciens attitrés font partie de l'ensemble nouveau.

Ceux-là, sans doute, savent jouer encore les airs d'autrefois : *la Marche royale*, *l'Air du premier ministre*, *l'Air du 16° honneur*, et tous ceux que l'on exécutait à la fête si solennelle du *Fandroana* : le Bain de la Reine.

On se souvient de cette singulière cérémonie, célébrée à Tananarive pendant les réjouissances du jour de l'an malgache, qui tombait le 22 novembre, anniversaire de la naissance de la Reine ! Dans la salle du trône, au palais, portes grandes ouvertes, devant la noblesse, l'armée et le peuple, hurlant des louanges et des bénédictions, la Reine, derrière un rideau pourpre, dans une baignoire d'argent, prenait un bain solennel. Puis elle reparaissait richement vêtue, couronne en tête (la dernière était en corail rose et lui avait été offerte, au nom de la France, par M. le Myre de Vilers) ; elle portait une corne de bœuf, cerclée d'argent, emplie d'eau prise à son bain, et du bout des doigts, elle aspergeait, avec cette rosée sacrée, ses sujets ivres de joie. Formidable, l'Hymne royal retentissait alors, entonné par tout le peuple, soutenu par l'orchestre et ponctué par le tonnerre des canons...

Maintenant la reine de Madagascar est notre prisonnière ; elle est gardée en Algérie, à Mustapha Supérieur, dans une villa modeste, où elle apprend, pour se consoler, à jouer du piano.

Elle est abolie, cette étrange fête qui enthousiasmait Tananarive, et il ne semble pas que le nouveau gouvernement l'ait remplacé par aucun *tub* officiel.

Aujourd'hui, la musique de la Reine est appelée « la musique du gouverneur général », et on exécute : *la Marche du temps passé* ; *Malga*, valse ; *Morceau pour le défilé*, et quelques airs malgaches, orchestrés par M. Ripol, chef de musique du 13°. L'exécution est parfaite, précise, brillante, et les bravos dont on acclame les musiciens sont certes bien mérités.

Mais, tandis que, non sans orgueil, nos nouveaux frères, à l'allure martiale, s'éloignent d'un pas cadencé, on croit entendre, tout près de là, une musique faible, grêle, comme timide, très étrange, très lointaine, et il faut prêter l'oreille pour la percevoir. C'est le passé, vaincu mais non détruit, qui essaye de revivre encore, auprès du présent triomphal : la musique traditionnelle, celle qui n'est pas « comme l'autre » notée sur des portées, mais écrite seulement dans les mémoires.

Au bord d'un ruisseau tourmenté, auquel un diorama donne un aspect assez véritable, quelques musiciens sont groupés sur un rocher. Ils chantent, d'une voix douce et mélancolique, en s'accompagnant sur des instruments bien à eux, ceux-là, et on ne peut plus primitifs.

Un grand noir maigre, à l'air narquois, tout vêtu de rouge, gratte les trois cordes du *lokengo voalavo*, une latte de bois tailladée en arête de poisson, à laquelle est attachée une moitié de courge qui fait table de résonance. Il chante, d'un air très grave, une chanson gaie, *la ronde des sept jours de la semaine* : « Le samedi, c'est le grand nettoyage de la case pour la fête du lendemain. Le dimanche on se pare pour la messe ; puis on danse, on boit autant que l'on peut. Le lundi il faut cuver l'orgie, le brouillard est dans le cerveau autant que sous le ciel. Le mardi il fait beau, on va à la parade, on fait l'exercice. Le mercredi c'est deuil et tristesse, on se souvient des morts et on les pleure. Le jeudi, amour et mariage, on fait la cour aux belles, on choisit sa fiancée. Le vendredi c'est le meilleur jour : jour du marché, et l'on pèse l'argent que l'on a gagné.

LES JOURS DE LA SEMAINE

(Ronde Malgache.)

Samedi vite on se lève,
Pour que le travail s'achève,
Car dans la maison, il faut, sans paresse,
A tout nettoyer que chacun s'empresse.

DIMANCHE, on fait sa toilette,
Pour la messe et pour la fête.
L'on chante et l'on rit, jusqu'à la nuit noire,
Tant qu'on peut danser et tant qu'on peut boire.

LUNDI, la tête est bien lourde,
Et l'on boit l'eau de la gourde.
On ne peut sortir sans risquer un rhume.
Il vaut mieux dormir par ce temps de brume.

MARDI, la journée est belle,
On monte à la citadelle.
Il faut s'exercer ; le tir, la tenue,
Pointer les canons, passer la revue.

MERCREDI, deuil et tristesse !
On pense aux jours de détresse,
A ceux qui sont morts, loin de la demeure ;
En reparlant d'eux l'on soupire et pleure.

JEUDI, jour de mariage !
On s'en va, selon l'usage,
Sous les cotonniers, le cœur tout en flamme,
Rencontrer l'amie, ou choisir la femme.

VENDREDI, le jour superbe !
Le marché s'étend sur l'herbe.
L'on achète, on vend, on dispute, on triche.
Et, l'argent pesé, chacun se croit riche.

L'air de la chanson est vif et agréable, mais on y sent une influence étrangère, comme le ressouvenir lointain d'une gigue. Et c'est très singulier cet amalgame, la façon dont ces choses du dehors sont assimilées par ces cerveaux si différents, repétris et comme recréés.

Il en est de même pour le chant en l'honneur des Français, que chante aussi le grand diable maigre, en grattant nerveusement

son lokengo voatavo : « On peut aller couper du bois tranquil-
lement. — On peut voyager partout sans rien craindre : il n'y a
plus de voleurs. — Vive le drapeau tricolore !... »

CHANT A LA GLOIRE DES FRANÇAIS

(Fragment.)

Sous les Français nous vivons sans contrainte
Et nous pouvons tous voyager sans crainte
Il n'est plus de voleurs !
Vivent les trois couleurs !

La *chanson de la très-Aimée* est un peu mieux déguisée.
C'est un morceau d'ensemble, assez compliqué, qu'exécutent
trois musiciens qui chantent, sifflent et jouent du *Valia :* Un
simple tronc d'arbre, le Valia, tout entouré, verticalement, de
cordes ; il y en a dix-neuf en fibres de bambou et quatre en métal ;
c'est une harpe rudimentaire dont les sons ne manquent pas de
charme ; le chant est à deux voix, en tierces d'une justesse parfaite ; un des chanteurs siffle les ritournelles, avec une aimable
virtuosité.

La poésie est très strictement rythmée ; deux vers courts, un
vers long qui revient comme un refrain, mais avec, chaque fois,
une légère variante :

Tous sont épris d'elle.
Car elle est si belle !
Mais elle en voit un seul, et celui-là c'est moi !

Ces amants sans cesse
Disent leur tendresse.
Elle en écoute un seul, et celui-là c'est moi !

Chacun dit de même,
Il lui dit : « Je t'aime, »
Mais elle en aime un seul, et celui-là c'est moi !

Très douce, très câline, la mélodie, pur malgache peut-être...

et cependant, on croit y retrouver un bercement de barcarolle italienne.

La *sérénade*, que l'on chante comme le morceau précédent, ou que l'on joue simplement sur les instruments, semble une réminescence de quelques vieux airs français.

Les indigènes ne trouvent pas cela, par exemple; pour eux, c'est bien seulement le souvenir du pays, l'air favori qui fait revivre tant de choses. A l'entendre, les noires prunelles s'alanguissent de rêverie, toutes les têtes se penchent hors des huttes. Car il y a là tout un village et toute une peuplade, formée d'individus, de toutes teintes, pris à diverses tribus : Hova des hauts plateaux, Mahafaly, Tanosi ou Bétaminiéna; gens de castes différentes, qui se regardent de haut, ne se parlent pas, tourmentés de sourdes haines, d'obscures rancunes dont les causes se perdent dans l'histoire du passé. Mais tous s'émeuvent aux airs du pays, et quand c'est *le Chant de l'absence :*

« Où allez-vous, jolis oiseaux ? Venez près de nous, nous vous donnerons un message pour ceux qui sont loin ! » de gros soupirs gonflent les poitrines.

L'ABSENCE

(*Chant Malgache.*)

Doux oiseaux, où donc allez-vous ...
Un instant venez près de nous...
Nous vous donnerons un message,
Car nos parents sont en voyage.
Ah! mon cœur est gros de tristesse
Ainsi privé de leur tendresse.

Doux oiseaux, où donc allez-vous?
Un instant venez près de nous.

Vous leur direz : Rentrez au gîte...,
Près de vos fils, retournez vite...
Les pleurs toujours noient mes prunelles
Mon cœur voudrait avoir des ailes !

Doux oiseaux, où donc allez-vous, etc.

Cependant, quand la nostalgie est trop forte, vite on monte,
là-haut, au panorama, — si réel, si pareil à la nature que tous
ont pleuré d'émotion la première fois qu'ils l'ont vu — et, pour
un instant, les exilés retrouvent leur patrie.

Judith Gautier.

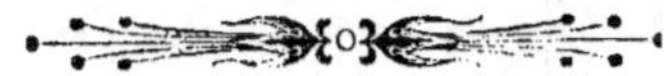

LES JOURS DE LA SEMAINE

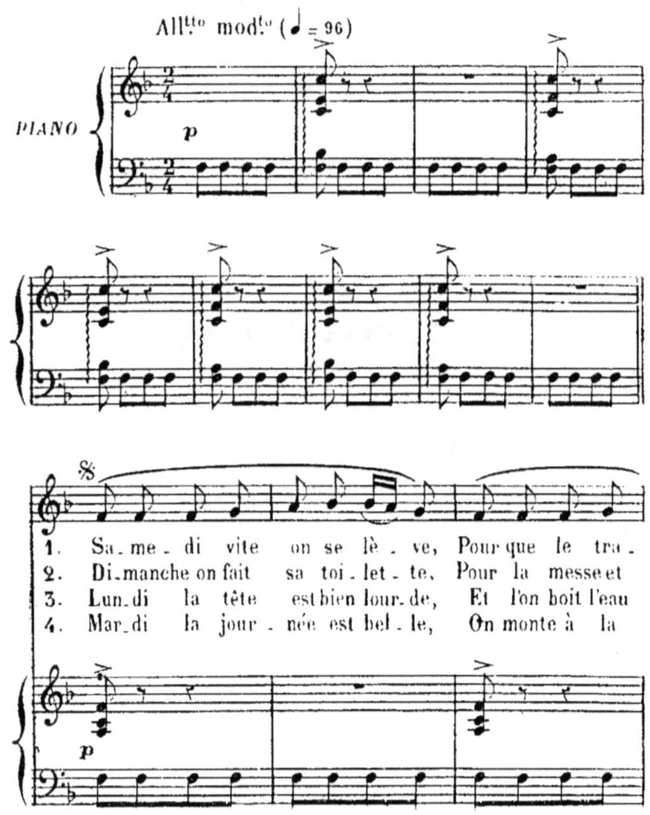

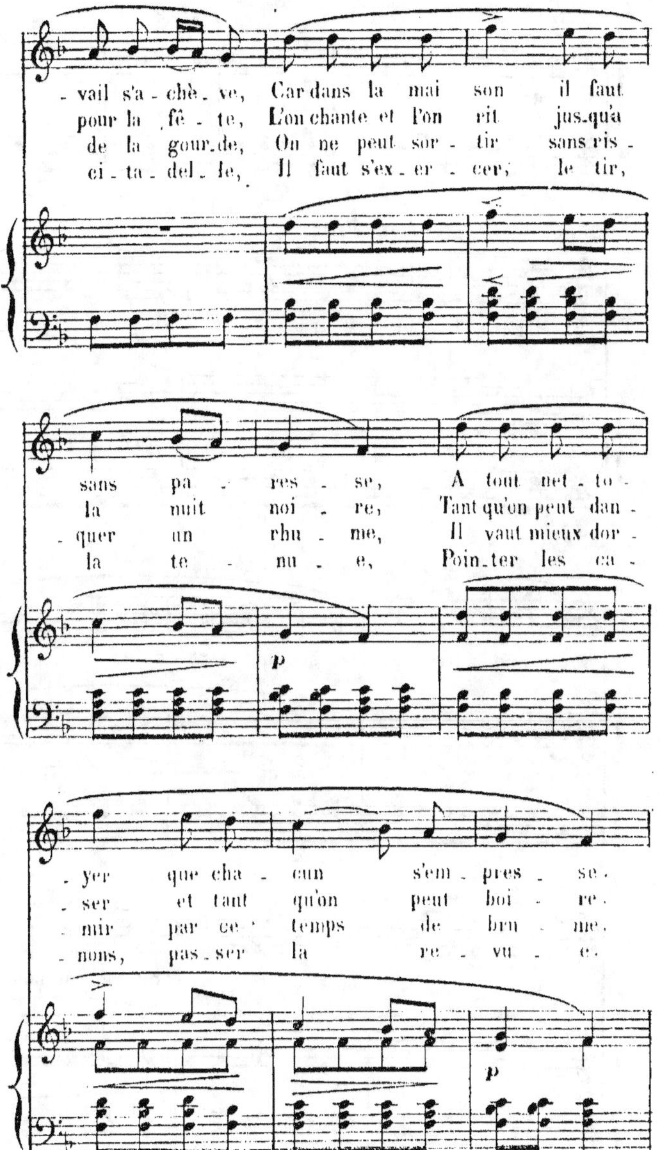
- vail s'a - chè - ve, Car dans la mai son il faut
pour la fê - te, L'on chante et l'on rit jus qu'à
de la gour - de, On ne peut sor - tir sans ris -
ci - ta - del - le, Il faut s'ex - er - cer, le tir,
sans pa - res - se, A tout net - to -
la nuit noi - re, Tant qu'on peut dan -
- quer un rhu - me, Il vaut mieux dor -
la te - nu - e, Poin - ter les ca -
- yer que cha - cun s'em - pres - se.
- ser et tant qu'on peut boi - re.
- mir par ce temps de bru - me.
- nons, pas - ser la re - vu - e.

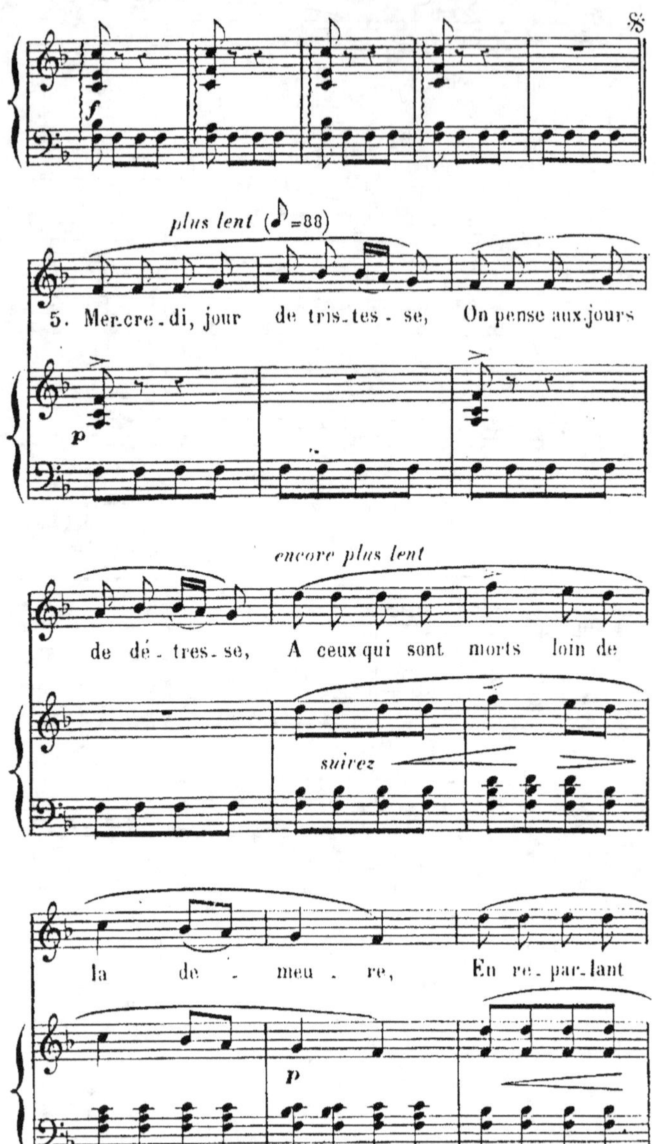
plus lent (♪=88)
5. Mer_cre_di, jour de tris_tes_se, On pense aux jours
encore plus lent
de dé_tres_se, A ceux qui sont morts loin de
suivez
la de_meu_re, En re_par_lant
p
p
f

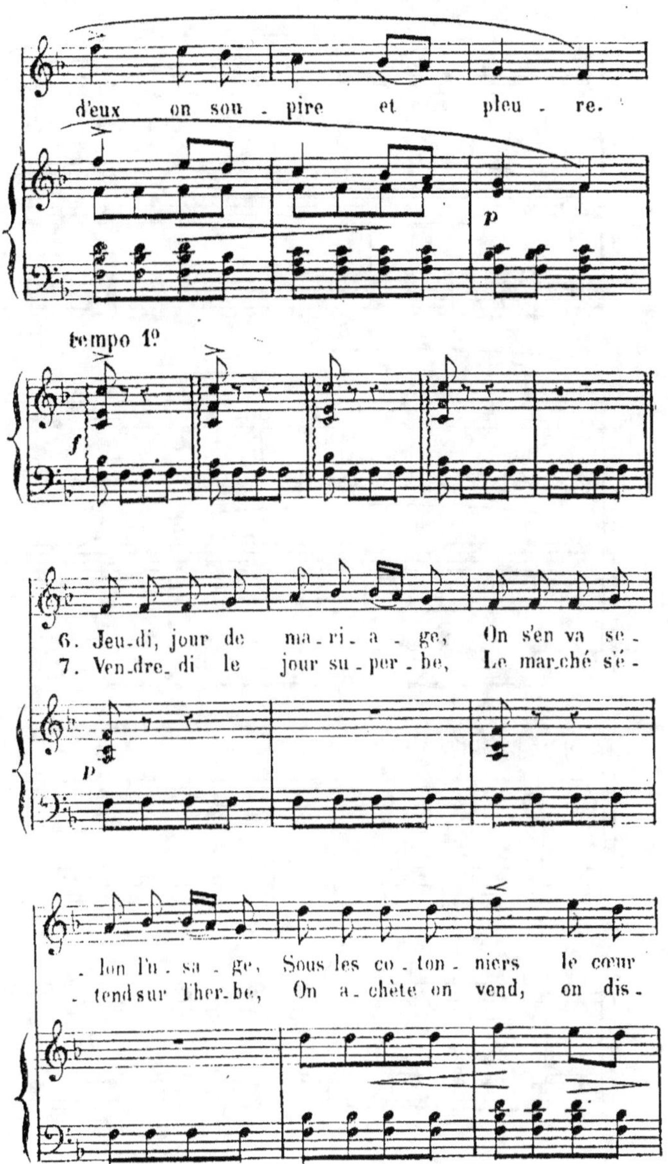
d'eux on sou _ pire et pleu _ re.
tempo 1º
6. Jeu _ di, jour de ma _ ri _ a _ ge, On s'en va se _
7. Ven _ dre _ di le jour su _ per _ be, Le mar _ ché s'é _
_ lon l'u _ sa _ ge, Sous les co _ ton _ niers le cœur
_ tend sur l'her _ be, On a _ chète on vend, on dis _

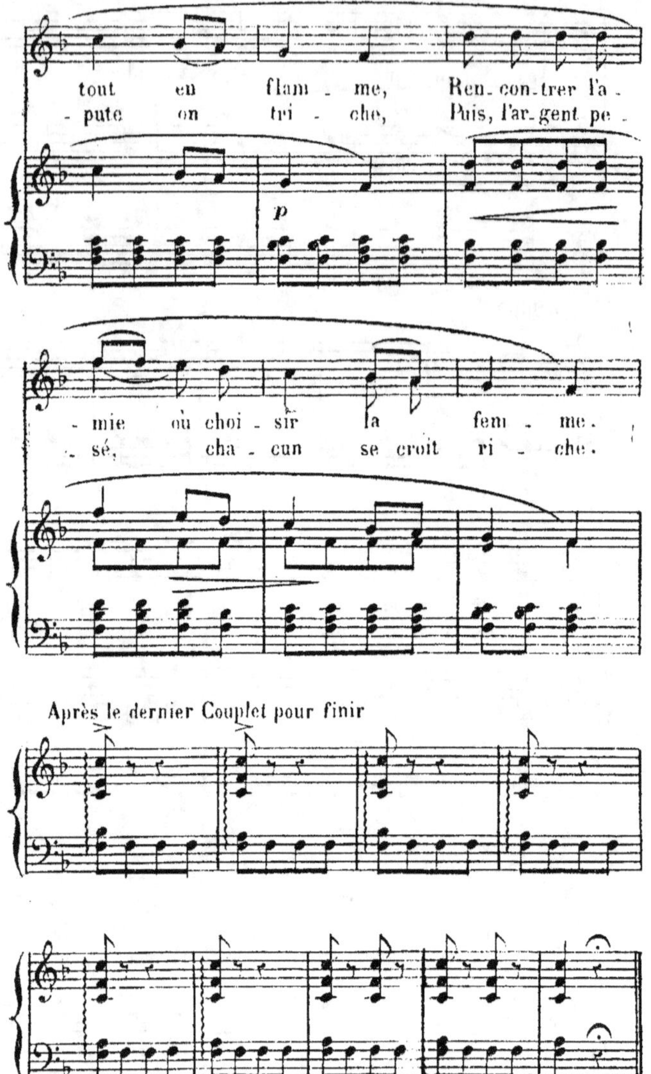

tout en flam _ me, Ren_con_trer l'a _
_pute on tri _ che, Puis, l'ar_gent pe _
p
_mie où choi _ sir la fem _ me.
_sé, cha _ cun se croit ri _ che.
Après le dernier Couplet pour finir

CHANT A LA GLOIRE DES FRANÇAIS

(Fragment.)

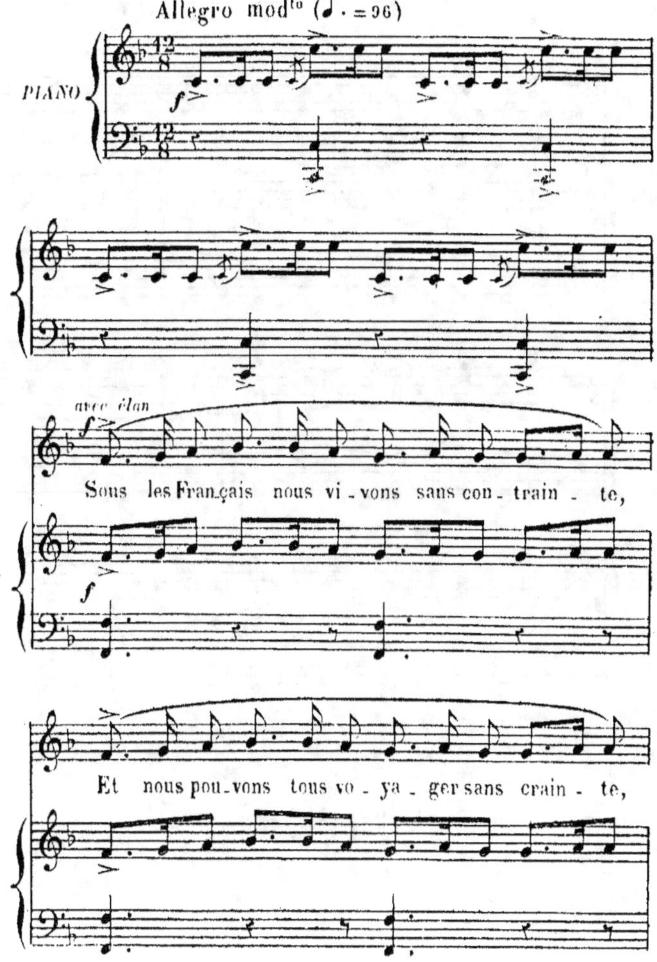

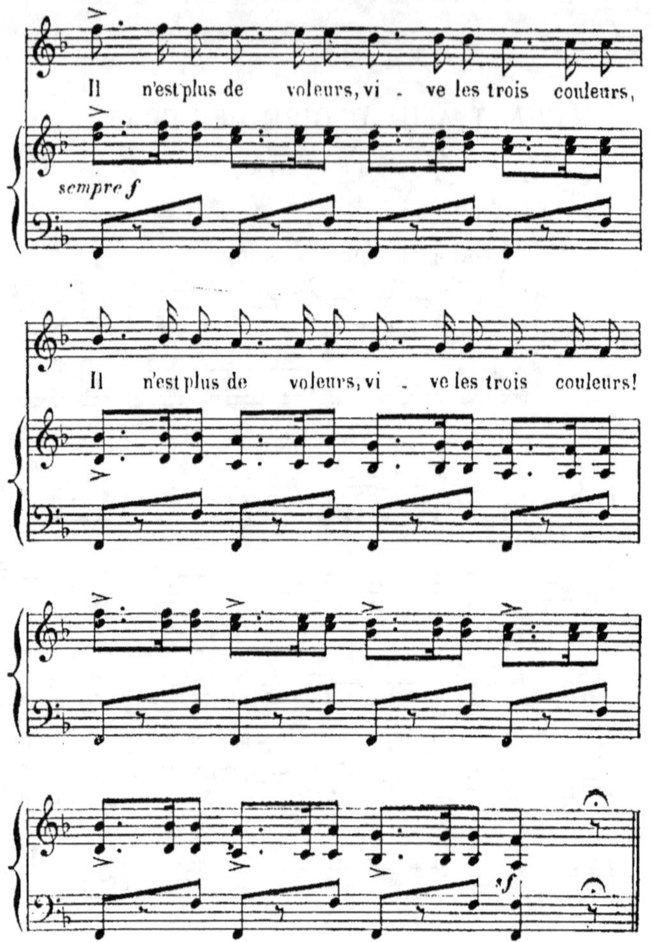
Il n'est plus de voleurs, vi — ve les trois couleurs,
sempre f
Il n'est plus de voleurs, vi — ve les trois couleurs!

CHANSON DE LA TRÈS AIMÉE

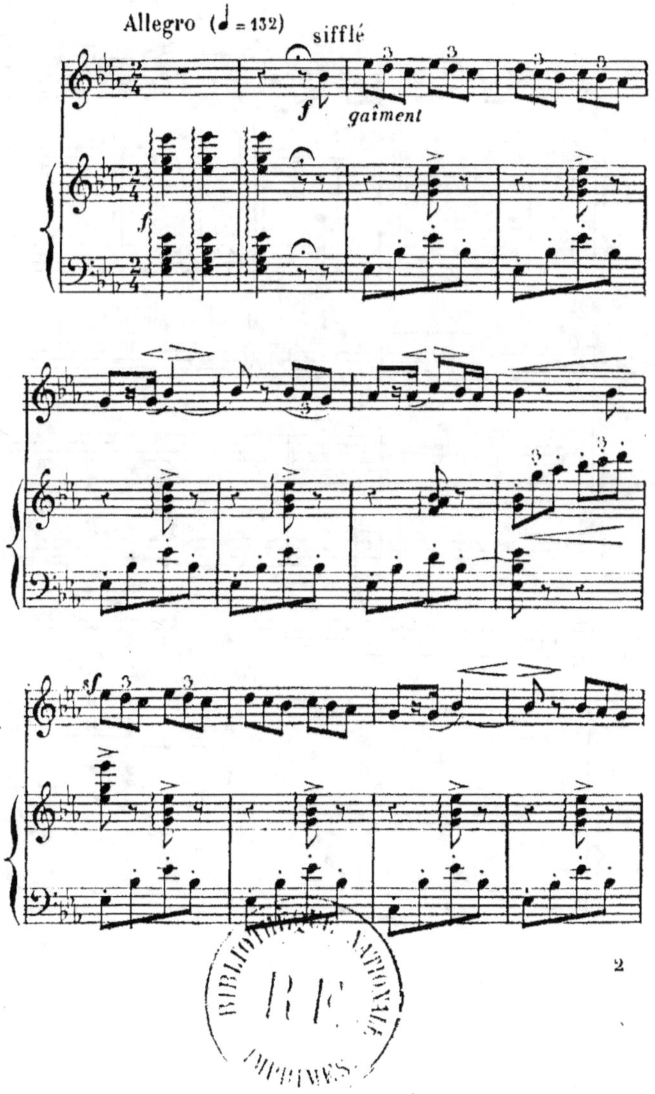

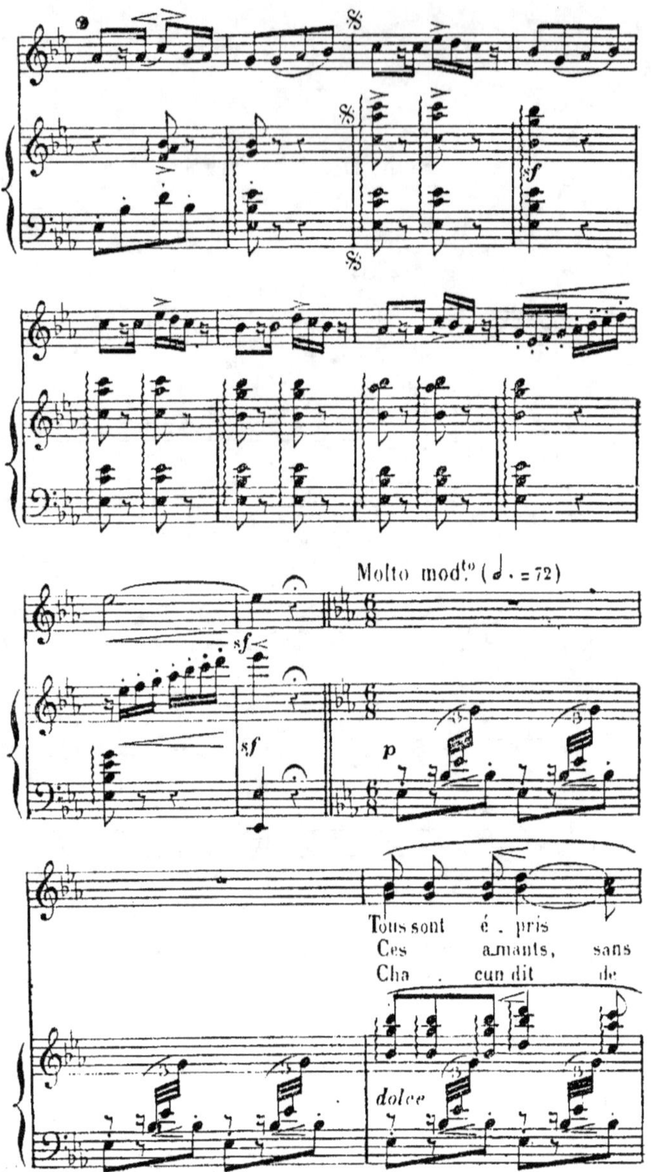
Molto mod.to (♩. = 72)
Tous sont é . pris
Ces a . mants, sans
Cha . cun dit de
dolce

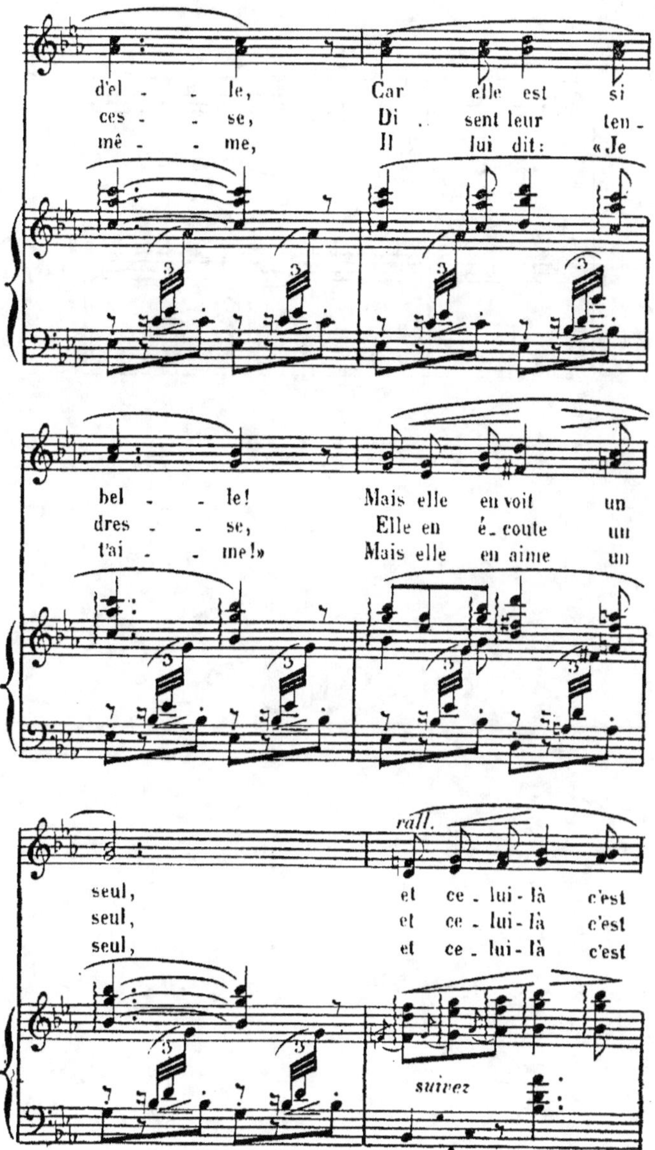
d'el _ _ le,   Car   elle est   si
ces _ _ se,   Di _ sent leur   ten
mê _ _ me,   Il   lui dit: «Je

bel _ _ le!   Mais elle   en voit   un
dres _ _ se,   Elle en   é _ coute   un
t'ai _ _ me!»   Mais elle   en aime   un

rall.

seul,   et   ce _ lui - là   c'est
seul,   et   ce _ lui - là   c'est
seul,   et   ce _ lui - là   c'est

suivez

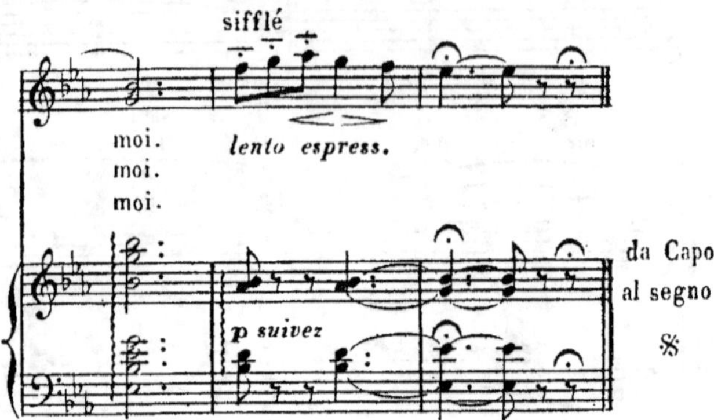

sifflé
lento espress.
moi.
moi.
moi.
da Capo
al segno
p suivez

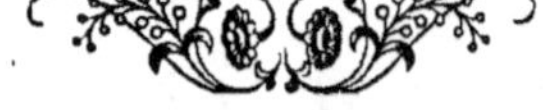

SÉRÉNADE

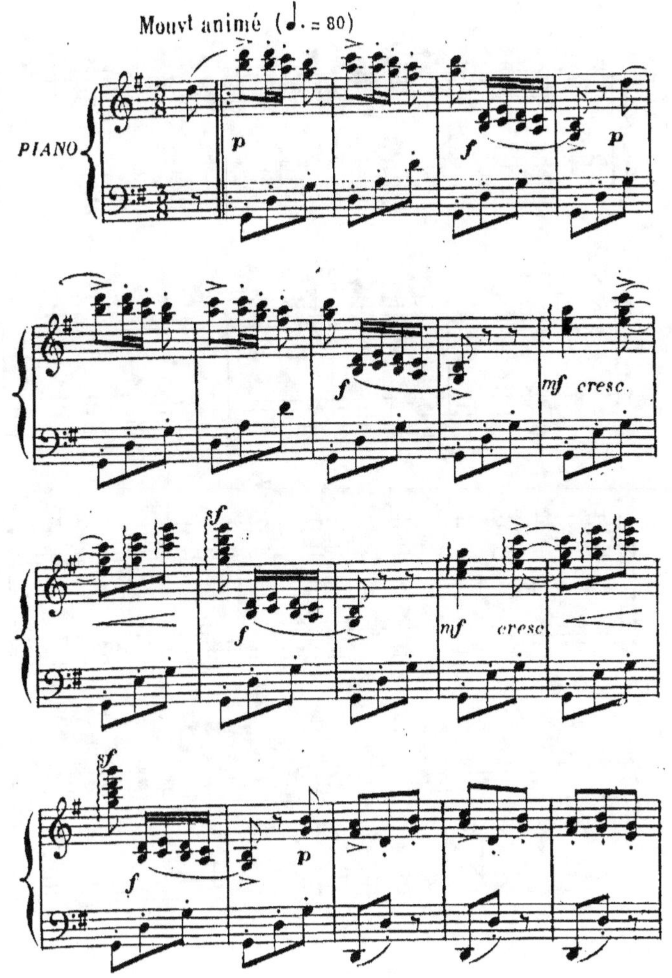

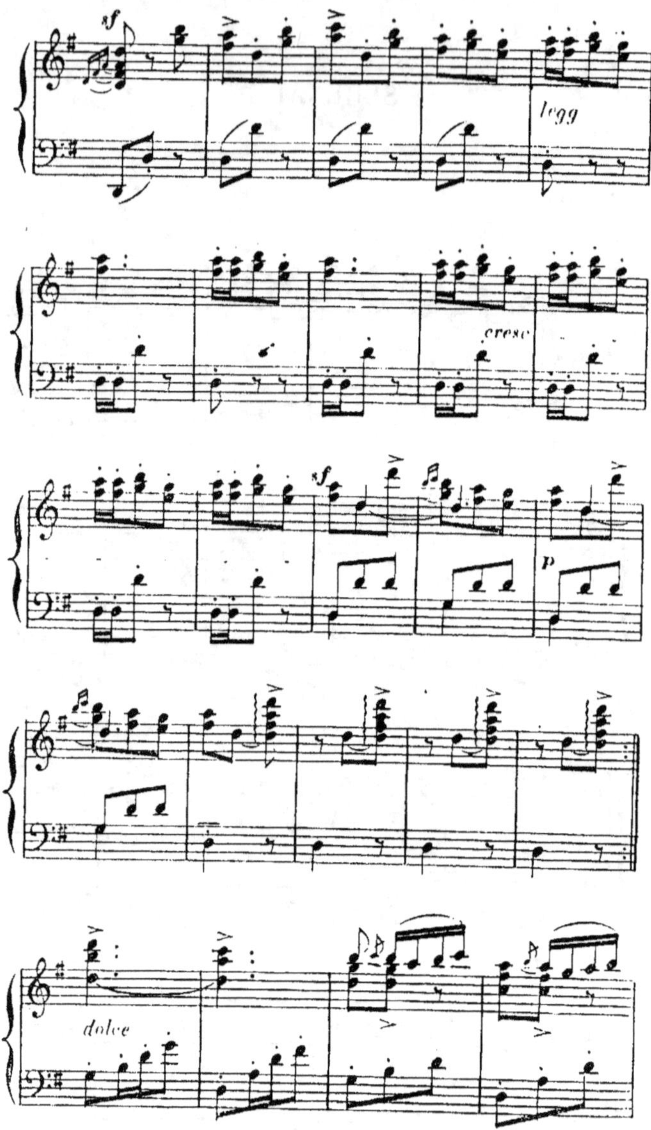
sf
leggg
cresc
sf
p
dolce

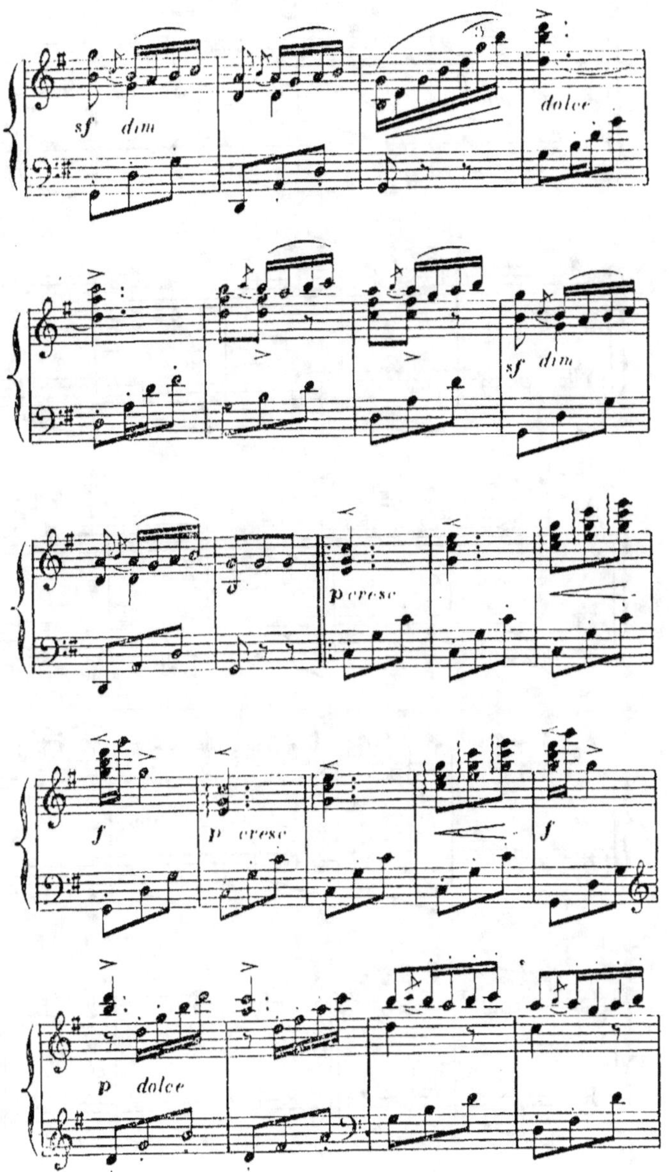
sf dim
dolce
sf dim
p cresc
f
p cresc
f
p dolce

LES CHANTS DE MADAGASCAR

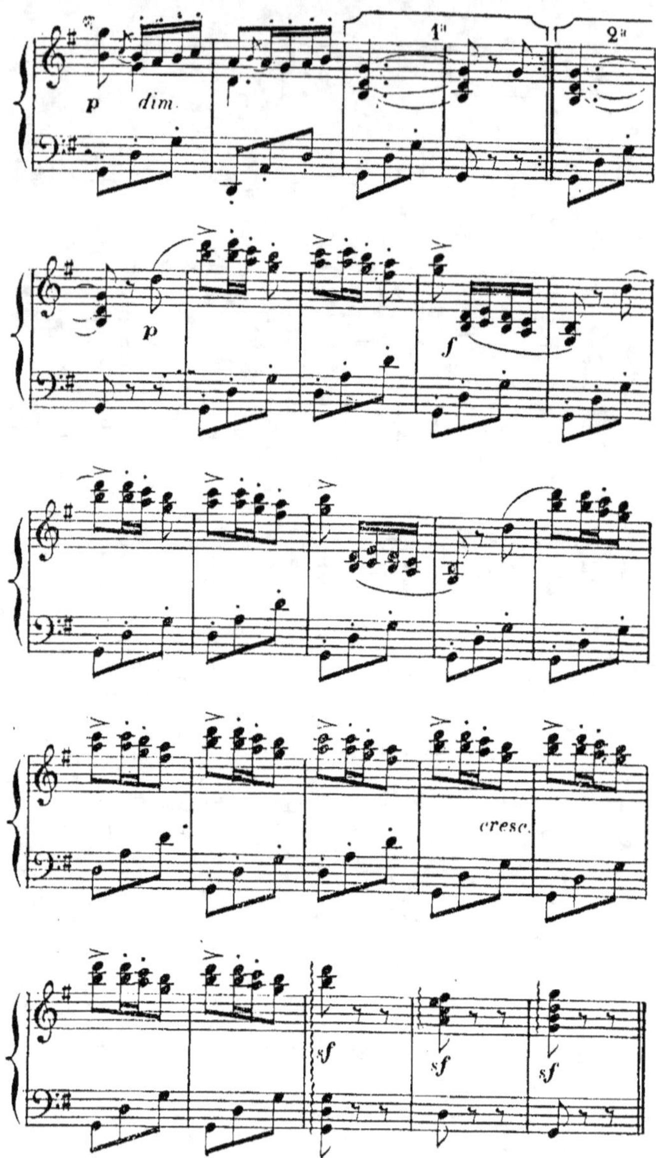

L'ABSENCE

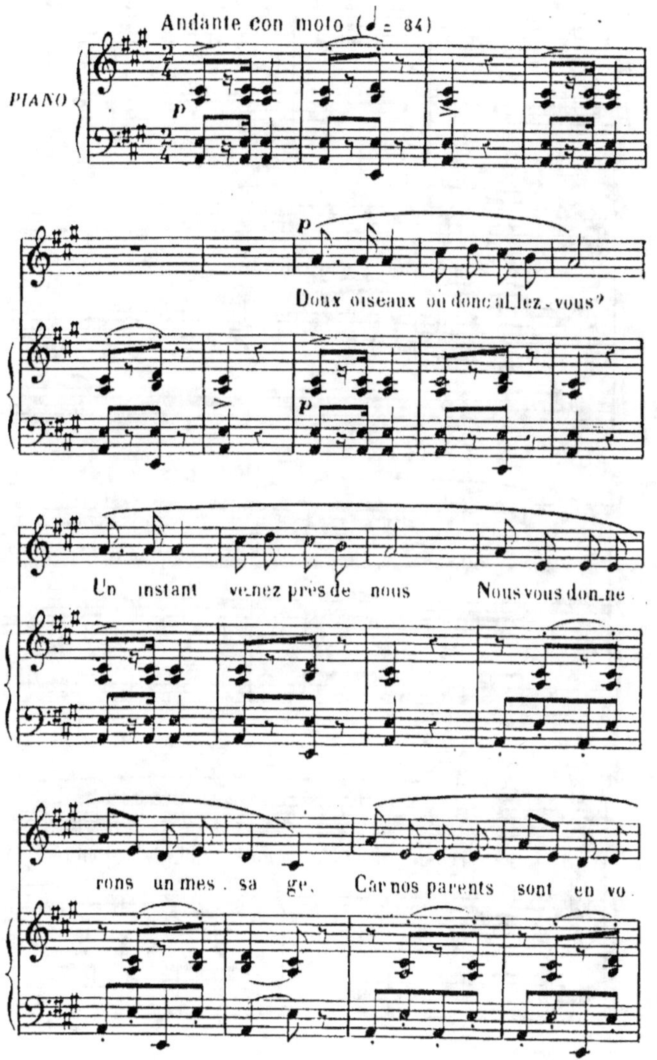

Andante con moto (♩ = 84)
PIANO
Doux oiseaux ou donc al_lez_vous?
Un instant ve_nez pres de nous
Nous vous don_ne_
rons un mes_sa_ge. Car nos parents sont en vo_

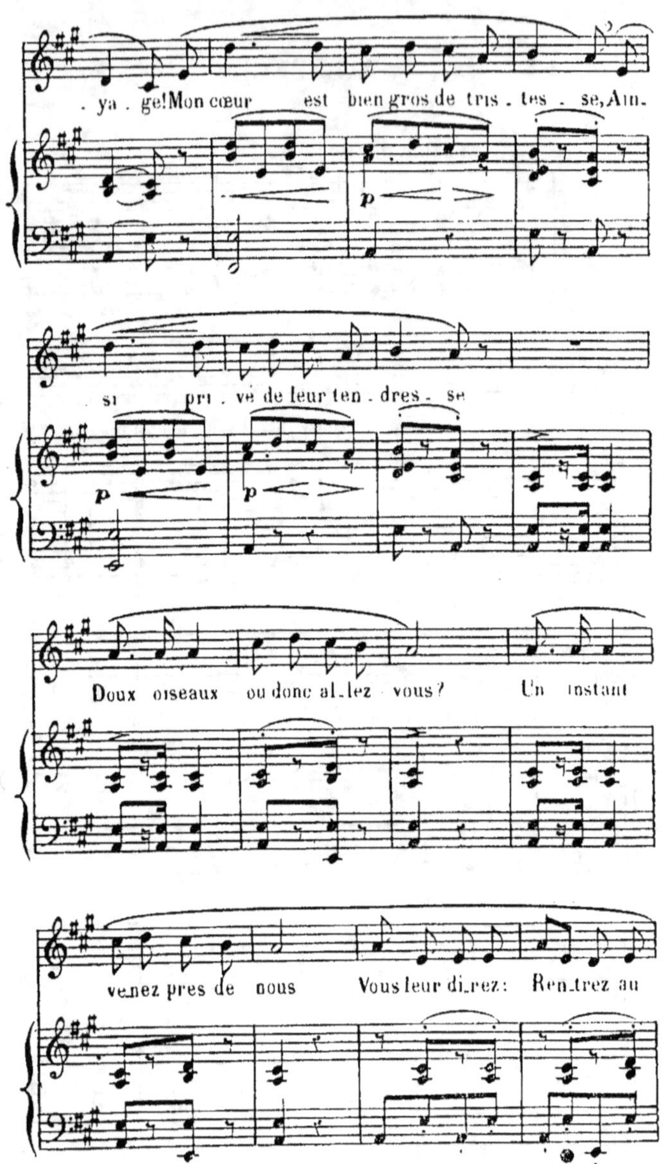
. ya . ge! Mon cœur est bien gros de tris . tes . se, Ain .
si pri . vé de leur ten . dres . se
Doux oiseaux ou donc al . lez . vous? Un instant
ve . nez pres de nous Vous leur di . rez: Ren . trez au

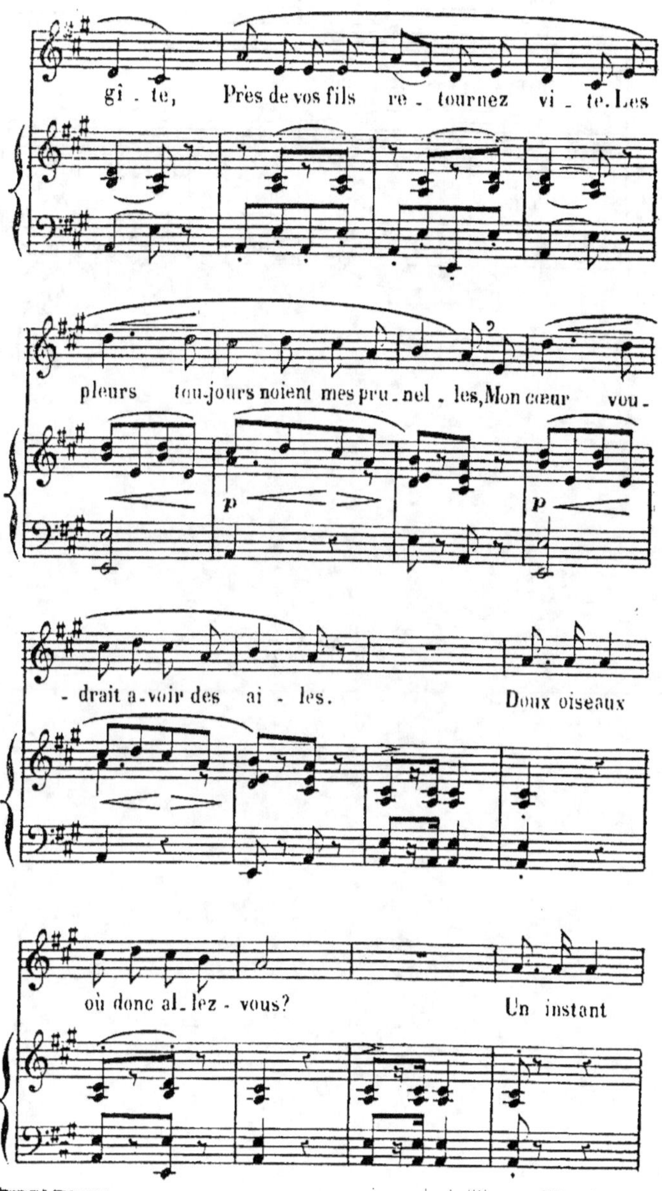
gî - te, Près de vos fils re - tournez vi - te. Les
pleurs tou-jours noient mes pru - nel - les, Mon cœur vou -
- drait a - voir des ai - les. Doux oiseaux
où donc al - lez - vous? Un instant

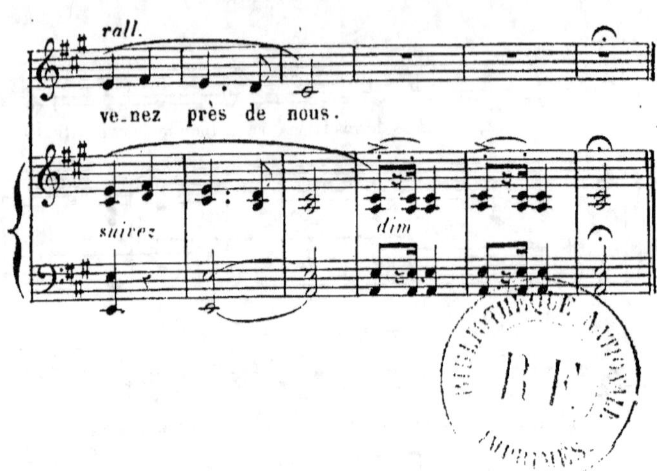
rall.
ve_nez près de nous.
suivez
dim

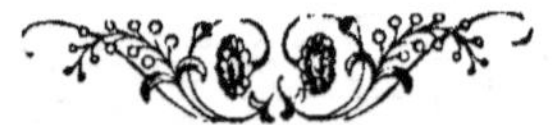

Le

Théâtre Exotique

Au Panorama animé

Du TOUR du MONDE

DE

LOUIS DUMOULIN

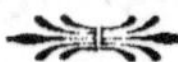

✦ Danse Javanaise ✦

CHANT ET DANSE DE CEYLAN

GUECHAS JAPONAISES

Jongleurs Chinois et Hindous

Etc., etc.

Madame Cloitre

CORSETS

18, Rue des Capucines.

LE THÉATRE CHINOIS
au Trocadéro

MUSICIENNES ET CHANTEUSES CHINOISES

Comédiens et Jongleurs célèbres à Pékin

Les Toilettes les plus seyantes
les plus élégantes

du goût le plus sûr
c'est l'avis de sa clientèle

mondaine et artistique
sont celles de

LIZERAY

36 *bis*, boulevard Haussmann.

Palais de l'Égypte

GRAND THÉATRE

TROUPE DE 200 ARTISTES

Égyptiens, Soudanais, Abyssins, Syriens et Arabes

MUSIQUE, CHANTS

Danses de Pages, de Négresses, de **Ghaouasi**,

d'Odalisques, de Courtisanes

DUELS AU SABRE — MARIAGE ARABE

Scène de la vie d'ANTAR

le plus célèbre héros de l'Orient

Représentations tous les jours, de 2 heures à 6 heures

et de 9 heures à 11 heures

IMPRIMERIE DE SAINT-DENIS. — H. BOUILLANT, 20, RUE DE PARIS. — 13021

www.ingramcontent.com/pod-product-compliance
Lightning Source LLC
LaVergne TN
LVHW021652170726
843501LV00007B/2519